Makenna the Mermaid

Mariana Books Rhyming Series Book 14

Illustrated by Phresh Laundry

by
Roger Carlson

Makenna and her parents went to the beach on a hot summer day.
She took all her beach toys with her to build sand castles and play.

After they all played in the water,
her parents went to sit in the shade.
She started building her castle;
it'd be the best one she'd ever made.

When she dug her shovel into the sand, she found a shining stone.
She held it in her hand and suddenly, her legs were turning into a cone!

She had shiny blue scales and a gorgeous blue fish tail. She was a beautiful mermaid, ready to set sail.

The waves swirled around her and carried her out to sea. As she swam in the blue water she felt so happy and so free.

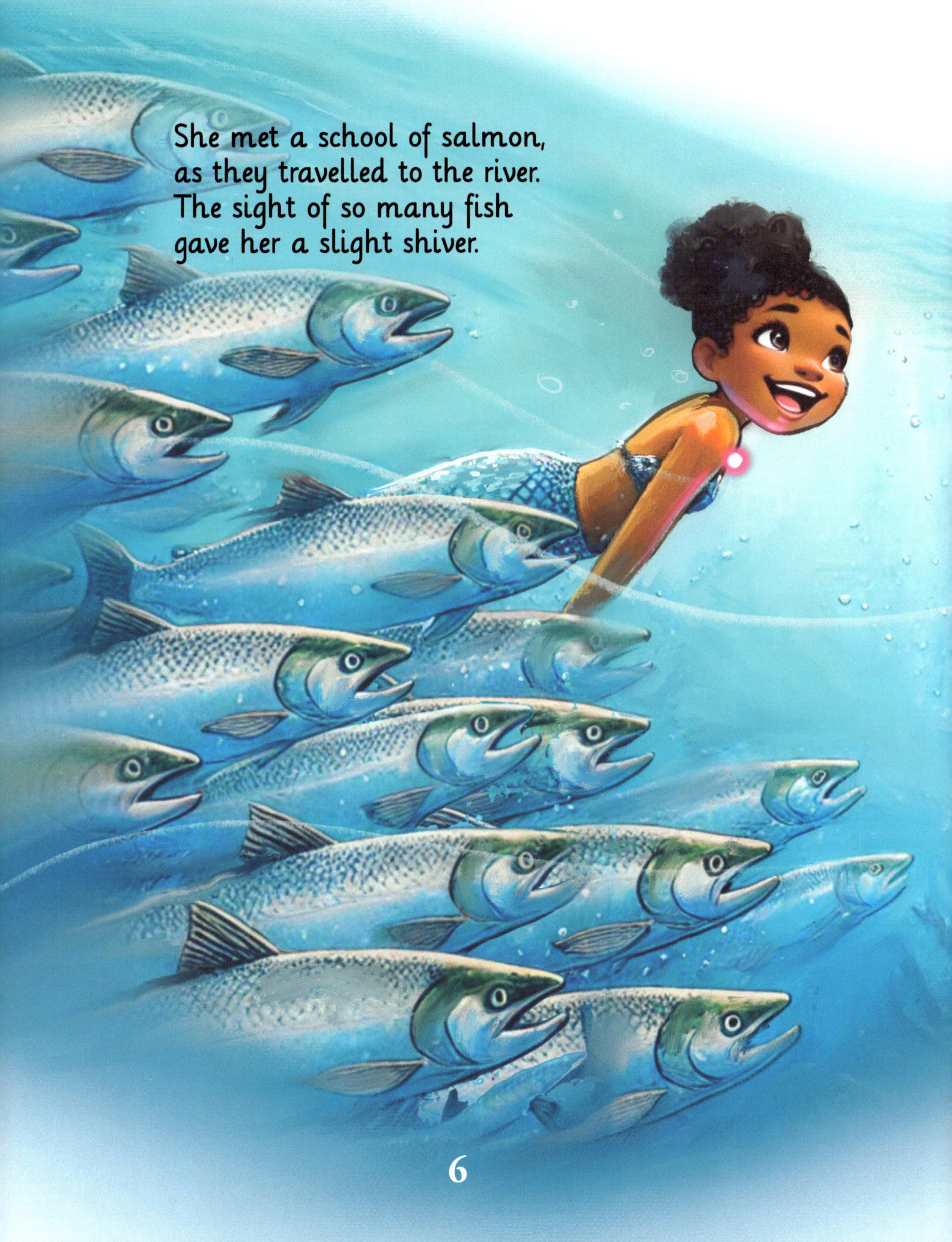

She met a school of salmon, as they travelled to the river. The sight of so many fish gave her a slight shiver.

When they moved, they made patterns with a lovely silvery glow.
She felt the current swirl around her and it made her long hair flow.

She giggled and swam further and saw a bloom of jellyfish. She swam around and watched them. Their arms and tentacles moved with a SWISH!

She waved at some little fish
seeking protection under one's bell.
She floated before the bloom a while
then bid them all farewell.

There were hues of all colors
deeper on the sea bed.
It looked like a flower garden,
with golden, blue, pink and red.

She looked down and saw corals of
all shapes and sizes
and she nearly squealed with delight.
The vivid bright coral clusters
created a gorgeous sight.

She saw something like a bunch of grapes
nestled under a huge rock.
She moved closer to take a look
and dashed back in utter shock.

They were octopus eggs.
Then a long tentacle pushed her away.
Mommy octopus was protecting her eggs,
so, after saying hello, Makenna swam the other way.

She saw a glow and followed it
and found a bed of oysters making pearls.
There were shiny pinks and whites,
the love of all the little girls.

They gave her a string of pearls,
a bracelet for her hand.
Each one was uniquely shaped
over a single grain of sand.

She thanked them and swam along till she found a galaxy of starfish. They looked like they belonged in the sky for little children to make a wish.

She brushed their arms gently and gave them a cheerful smile. They waved their hands and danced with her for a while.

She swam slowly to investigate
a swaying sea grass bed.
She squinted when she thought she saw
a little horse's head.

It was a baby seahorse;
it was swimming with its dad.
It played hide and seek with her
in the grass and made her feel so glad.

She got chilly and swam higher;
the shallows wouldn't be cold.
Sea turtles swarmed all around her,
big and small, young and old.

They swam against the currents;
they swam in circles and spun.
The water swished and swashed around them;
Makenna had so much fun!

She twirled and kicked and swam along,
then everything grew dark.
She looked up and swam away
from the looming great white shark.

Just as she escaped,
she bumped into something big and blue.
It was bigger than her school bus,
and she thought, "What do I do?"

The blue whale looked at her and smiled.
She let out a relieved sigh.
They became fast friends,
and then they raced up towards the sky.

They leapt out of the water,
then flipped and splashed back in the sea.
CRASH! A giant wave rolled along
and tickled her little tummy.

A pod of dolphins swam up,
leaping in the breeze.
She leapt with them through the waves
with a mermaid's graceful ease.

After a fun, long journey,
she rode the waves to shore.
It seemed no time had passed at all
while she'd gone to explore.

Her mermaid tail turned back to legs, so she walked to the castle she'd designed.

Then she hid the magic stone in the sand for another kid to find.

But then, she changed her mind...

About the Author

Roger Carlson lives in a small Midwestern town from which he runs the small but growing hybrid publishing company called Mariana Publishing LLC. Roger has worked as a high school math teacher, an adjunct college professor, and an electrical and mechanical engineer. The work he enjoys the most is as an author and owner of Mariana Publishing LLC. Roger has authored and published numerous children's books over the past ten years under the small publishing house.

About the Illustrator

Meet Theoplis Smith III, also known as "Phresh Laundry," a talented multidisciplinary artist who creates with a burning desire to bring his unique vision to life. Despite being primarily self-taught, Smith's work is a testament to his exceptional skill and creative talent. His work has been recognized on a national level, as it was displayed at the Academy Motion Pictures Museum, home of the Oscars, alongside award-winning director Spike Lee. Smith's art is also featured in the Indiana State Museum, further solidifying his impact on the local and state art scene. Theoplis has a strong following of enthusiastic art collectors who appreciate his innovative approach to the formal aspects of his work. His art showcases a blend of traditional portraiture, popular culture, and comic book influences. Recently, Smith's work was featured on PBS NewsHour, highlighting his contribution to the art scene in Indiana.

Find us on:

 @marianapublishing   @marianapublishing    @LlcMariana   Mariana Publishing Online

Copyright © 2025 by Roger Carlson

All rights reserved, including the right of reproduction in whole or in part in any form. This book or any portion thereof may not be reproduced or used in any manner whatsoever without the express written permission of the publisher except for the use of brief excerpts for review purposes.

ISBN: 978-1-64510-105-5 (IngramSpark Hardback)
ISBN: 978-1-64510-104-8 (Amazon Paperback)
ISBN: 978-1-64510-109-3 (Amazon Hardback)
ISBN: 978-1-64510-106-2 (POD Paperback)
ISBN: 978-1-64510-107-9 (POD Hardback)

Find these and all of the other Mariana Publishing books for sale on Amazon and our web site
www.marianapublishing.com

Rhyming Series

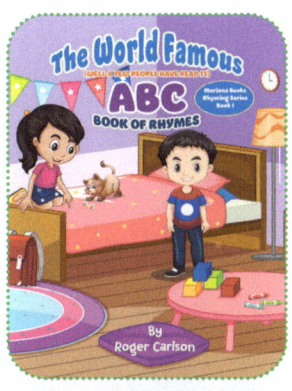

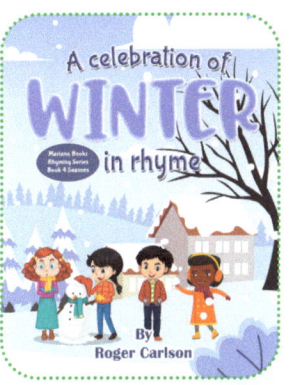
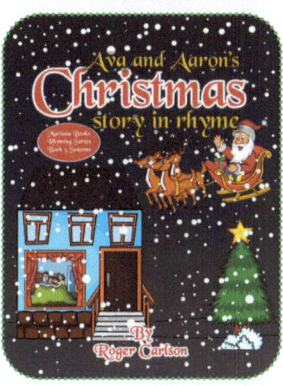

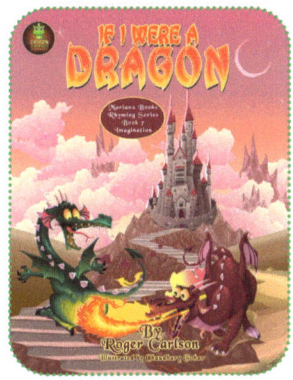
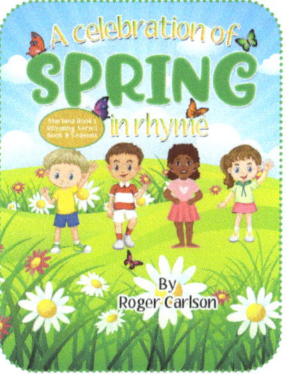
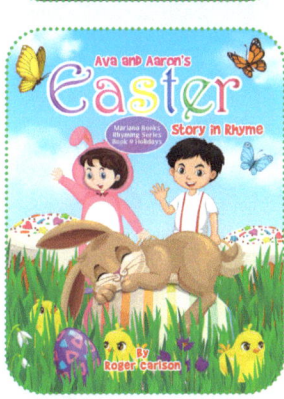

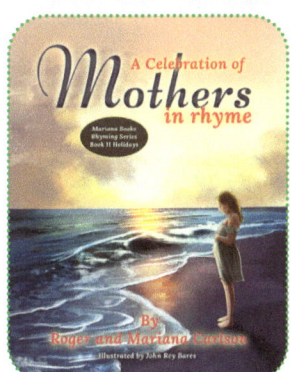

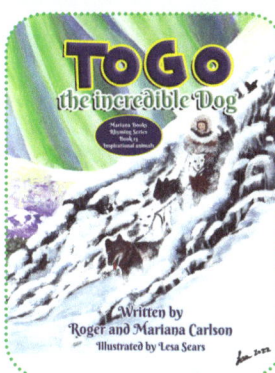

Way back book series

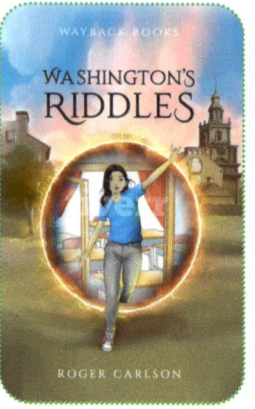 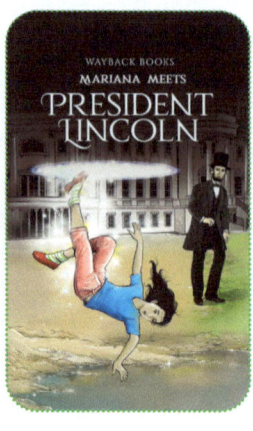 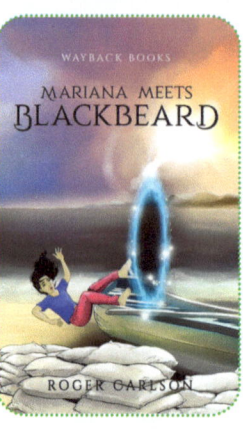

Mariana Publishing coloring book series

Other Mariana Publishing children's books

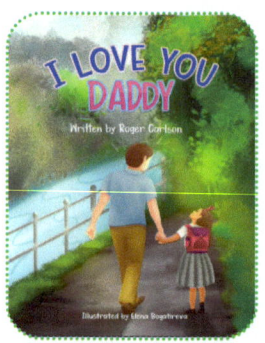 

 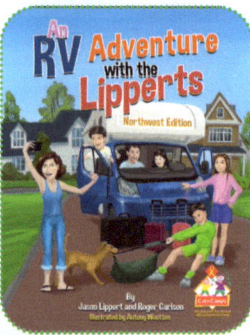

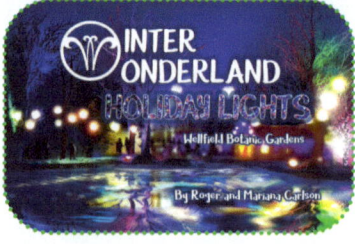

Books by Roseann Woodka

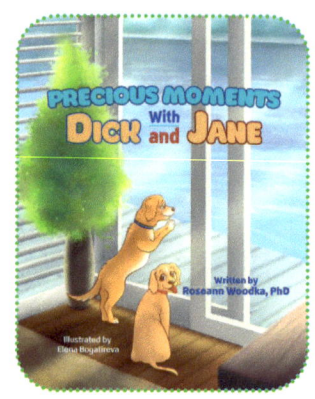 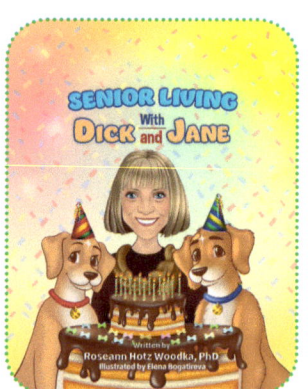

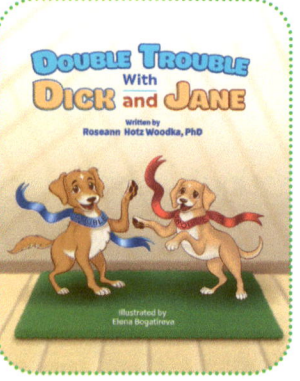

Follow and like us on Facebook

Follow and like us on Instagram

Makenna la Sirena

Mariana Libros Libro 14

e Ilustrado por

por
Roger Carlson

Makenna y sus padres fueron a la playa un caluroso día de verano. Tomó todos sus juguetes de playa para hacer castillos de arena y jugar.

Después de jugar todos en el agua, sus padres se fueron a sentar a la sombra. Ella empezó a construir su castillo; sería el mejor que había hecho nunca.

Cuando hundió la pala en la arena, encontró una piedra brillante. La sostuvo en la mano y, de repente, ¡sus piernas se convirtieron en un cono!

Tenía escamas azules brillantes y una preciosa cola de pez azul. Era una hermosa sirena, lista para zarpar.

Las olas se arremolinaban a su alrededor y la llevaban mar adentro. Mientras nadaba en el agua azul, se sentía tan feliz y tan libre.

Se encontró con un banco de salmones que se dirigían al río. La visión de tantos peces le produjo un ligero escalofrío.

Cuando se movían, hacían dibujos con un precioso brillo plateado. Sintió cómo la corriente se arremolinaba a su alrededor y hacía que su largo cabello fluyera.

Soltó una risita, siguió nadando y vio un enjambre de medusas. Nadó a su alrededor y las observó. ¡Sus brazos y tentáculos se movían con un *SILBIDO*!

Saludó a unos pececillos que buscaban protección bajo la campana. Flotó un rato ante el enjambre y se despidió de todos.

Había matices de todos los colores En lo más profundo del fondo del mar. Parecía un jardín de flores con dorados, azules, rosas y rojos.

Miró hacia abajo y vio corales de todas las formas y tamaños y casi chilló de alegría. Los vivos y brillantes grupos de corales creaban un espectáculo magnífico.

Vio algo parecido a un racimo de uvas encajado bajo una enorme roca. Se acercó para echar un vistazo y retrocedió totalmente impresionada.

Eran huevos de pulpo. Entonces un largo tentáculo la empujó. Mamá pulpo estaba protegiendo sus huevos, así que, tras saludarla, Makenna nadó en dirección contraria.

Vio un resplandor, lo siguió y encontró un lecho de ostras que hacían perlas. Había rosas y blancas brillantes, el encanto de todas las niñas.

She was given a necklace of pearls, a bracelet for her hand. Each had a unique shape on a single grain of sand.

Les dio las gracias y nadó hasta que encontró una galaxia de estrellas de mar. Parecían estar en el cielo para que los niños pidieran un deseo.

Les rozó suavemente los brazos y les dedicó una alegre sonrisa. Agitaron las manos y bailaron un rato con ella.

Nadó lentamente para investigar un lecho de hierbas marinas que se balanceaba. Entrecerró los ojos cuando le pareció ver la cabeza de un caballito.

Era una cría de caballito de mar; nadaba con su papá. Jugaba al escondite con ella en la hierba y le daba mucha alegría.

Tuvo frío y nadó más alto; en las aguas poco profundas no haría frío. A su alrededor pululaban tortugas marinas, grandes y pequeñas, jóvenes y viejas.

Nadaban contra la corriente; nadaban en círculos y giraban. El agua giraba y giraba a su alrededor; ¡Makenna se divertía mucho!

Giró, pataleó y nadó, y entonces todo se oscureció. Levantó la cabeza y se alejó nadando del amenazante tiburón blanco.

Justo cuando escapaba, chocó con algo grande y azul. Era más grande que su autobús escolar, y pensó: «¿Qué hago?».

La ballena azul la miró y sonrió. Ella soltó un suspiro aliviada. Se hicieron amigos rápidamente y luego echaron una carrera hacia el cielo.

Saltaron fuera del agua, luego dieron una voltereta y volvieron a chapotear en el mar. ¡CRASH! Una ola gigante rodó y le hizo cosquillas en la barriguita.

Una manada de delfines se acercó nadando, saltando con la brisa. Ella saltó con ellos a través de las olas con la graciosa facilidad de una sirena.

Después de un largo y divertido viaje, cabalgó sobre las olas hasta la orilla. Parecía que no había pasado nada de tiempo mientras ella había ido a explorar.

Su cola de sirena volvió a convertirse en piernas, así que caminó hasta el castillo que había diseñado.

Luego escondió la piedra mágica en la arena para que otro niño la encontrara.

Pero entonces, cambió de idea...

Sobre el autor

Roger Carlson vive en una pequeña ciudad del Medio Oeste desde la que dirige la pequeña pero creciente editorial híbrida llamada Mariana Publishing LLC. Roger ha trabajado como profesor de matemáticas de instituto, profesor universitario adjunto e ingeniero eléctrico y mecánico. El trabajo que más le gusta es como autor y propietario de Mariana Publishing LLC. Roger ha escrito y publicado numerosos libros infantiles en los últimos diez años con la pequeña editorial

Conoce al ilustrador

Conoce a Theoplis Smith III, también conocido como "Phresh Laundry", un talentoso artista multidisciplinario que crea con un ardiente deseo de dar vida a su visión única. A pesar de ser principalmente autodidacta, la obra de Smith es testimonio de su excepcional habilidad y talento creativo. Su obra ha sido reconocida a nivel nacional, ya que se expuso en el Museo del Cine de la Academia, sede de los Oscar, junto al galardonado director Spike Lee. El arte de Smith también se exhibe en el Museo Estatal de Indiana, lo que consolida aún más su impacto en la escena artística local y estatal. Theoplis cuenta con un gran número de entusiastas coleccionistas de arte que aprecian su enfoque innovador de los aspectos formales de su obra. Su arte muestra una mezcla de retrato tradicional, cultura popular e influencias del cómic. Recientemente, la obra de Smith apareció en PBS NewsHour, destacando su contribución a la escena artística de Indiana.

Encuéntrense en:

 @marianapublishing   @marianapublishing    @LlcMariana   Mariana Publishing Online

Copyright © 2025 por Roger Carlson

Todos los derechos reservados, incluido el derecho de reproducción total o parcial en cualquier formato. Este libro o cualquier parte del mismo no puede ser reproducido o utilizado de ninguna manera sin el permiso expreso por escrito del editor, excepto para el uso de breves extractos con fines de revisión.

ISBN: 978-1-64510-105-5 (IngramSpark Hardback)
ISBN: 978-1-64510-104-8 (Amazon Paperback)
ISBN: 978-1-64510-109-3 (Amazon Hardback)
ISBN: 978-1-64510-106-2 (POD Paperback)
ISBN: 978-1-64510-107-9 (POD Hardback)

Encuentre estos y todos los demás libros de Mariana Publishing a la venta en Amazon y en nuestro sitio web
www.marianapublishing.com

Serie de rimas

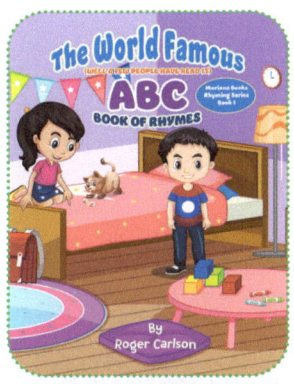  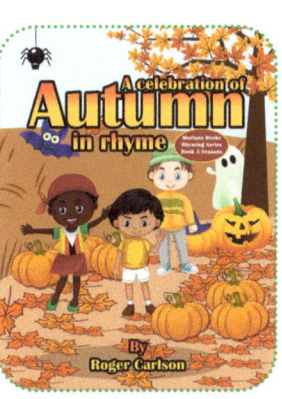 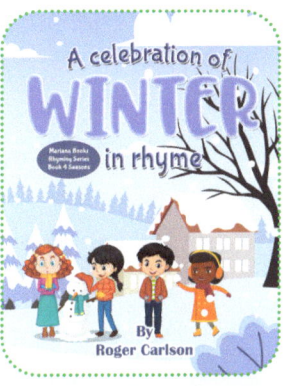
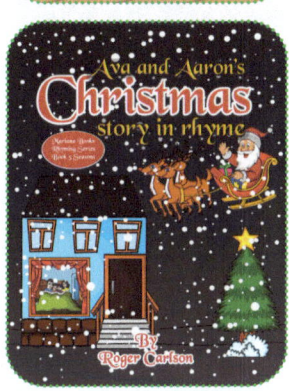  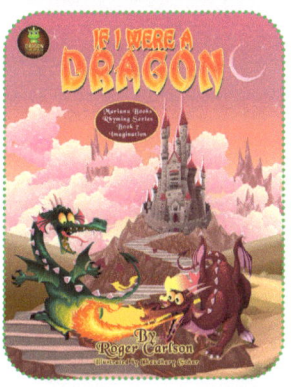 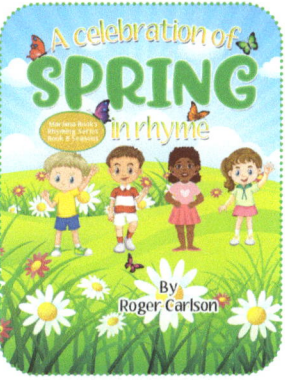
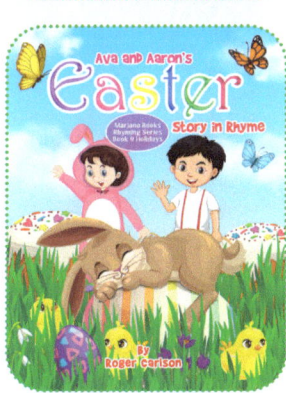  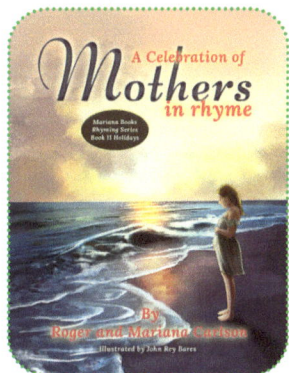 
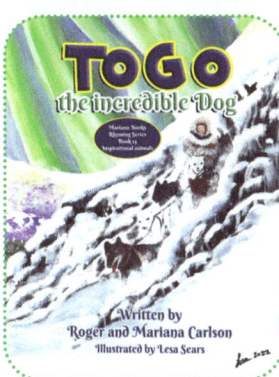

Serie de libros Wayback

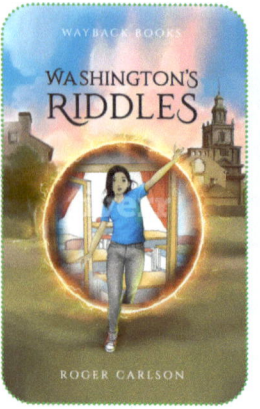
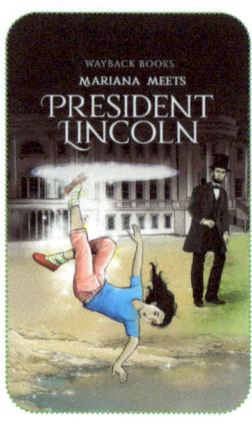
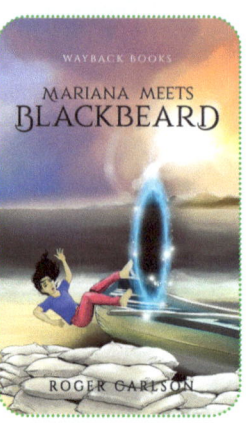

Serie de libros para colorear de Mariana Publishing

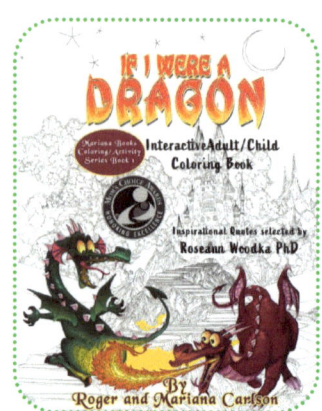

Otros libros de Mariana Publishing

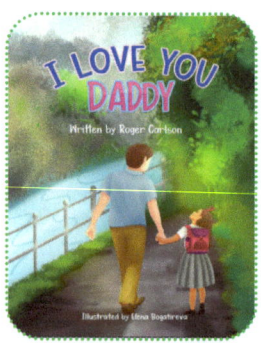

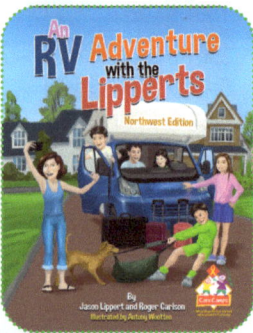

Libros de Roseann Woodka

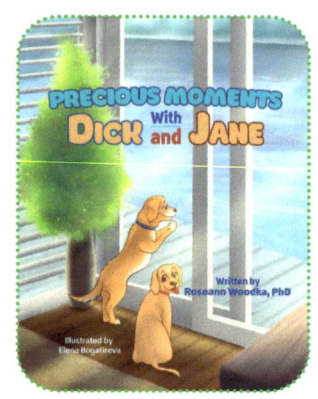
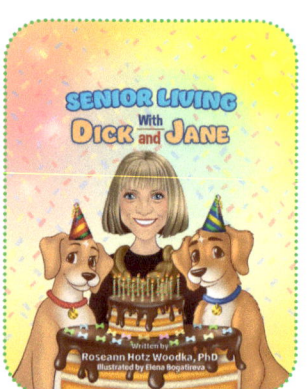
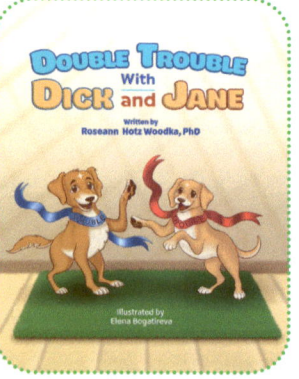

Síguenos y danos me gusta en Facebook

Síguenos y danos me gusta en Instagram